AF359344

LES ELEMENS,

TROISIÉME BALLET

DANSÉ PAR LE ROY,

Dans son Palais des Tuilleries,

Le Mercredy trente-uniéme jour de Decembre 1721.

DE L'IMPRIMERIE

De Jean-Baptiste-Christophe Ballard,

Seul Imprimeur du Roy pour la Musique.

M. DCC. XXI.

Par exprès Commandement de Sa Majesté.

LES PAROLES ſont du Sr. Roy.

LA MUSIQUE des Srs. de Lalande & Deſtouches, Sur-Intendans de la Muſique du Roy , &c.

LE BALLET du Sr. Balon , Maître de Danſe de Sa Majeſté , & Compoſiteur des Ballets.

TERPSICORE,
AU ROY.

RINCE en qui l'Univers a mis son
 esperance,

Qui dois sur tes vertus assurer ta
 puissance,

Toy, qui fais rajeûnir la FRANCE
 & les beaux Arts;

Daigne sur TERPSICORE abaisser tes regards :

Donne aux Muses mes Sœurs la gloire de t'instruire,

Celle de t'amuser est la seule où j'aspire.

Puissent pour Toy mes Jeux devenir plus galants,

Puissent avec ton goût, s'élever les talents !

Je ne regrette plus les festes de la Grece,

Spectacles où les Rois éprouvoient leur adresse.

Quel prix Tu mets à ceux que je vais celebrer !
De tes propres attraits Tu daignes les parer.
PRINCE, que ton Palais s'ouvre au Peuple qui t'aime,
En Toy, dans ces moments il ne voit que Toy-même,
Il trouve dans tes pas la noble activité,
Sur ton front l'air ferein , la fleur de la beauté ,
Dans tes jours rafermis , un efpoir plein de charmes ,
Jours devenus pour nous plus chers par nos allarmes !
Jufques dans tes plaifirs Tu t'attires les cœurs,
Et de joye & d'amour Tu vois couler des pleurs.
Le Grand ROY, dont le Ciel commence en Toy l'image,
En adoptant mes Jeux , en confacra l'ufage :
Et ceux qui fur la Scene avoient fuivy fes pas,
Le fuivirent bien-toft dans l'ardeur des Combats.

ON a choifi Les Elemens comme un Sujet capable de varier le Spectacle & la Mufique, & l'on a conçû que des Intrigues feparées devoient moins fatiguer l'attention qu'une Piece de plufieurs Actes, & qu'elles amenoient les Divertiffements avec plus de facilité.

On a préferé aux Genies Elementaires des Perfonnages plus connus.

L'Air offre l'évenement tragique d'Ixion, & fon amour pour Junon qui préfide à cet Element.

L'Eau eft caracterifée par le naufrage d'Arion, par fa reception chez Neptune, pareille à celle de Thefée * chez Achelous, & par fon Mariage avec une Syrene, union convenable à leurs talents & au lieu où la Scene fe paffe.

*Ovid. Metam. liv. 9.

Le Feu Elementaire ne pouvoit être que celui des Veftales, qui s'allumoit aux rayons du Soleil, (car Vulcain ne defigneroit que le feu terreftre.) Le trait d'Hiftoire * qu'on a adopté eft célébre; le peril d'Emilie interreffant, & l'Action eft denoüée par un prodige afforti à la fuperftition des Romains.

* Val. Max. c. 3.

La Terre raffemble tous les Dieux qui l'habitent, ou qui la cultivent, & l'avanture de Vertumne & de Pomone, qui n'avoit point encor été mife au Theatre, telle qu'Ovide nous l'a laiffée.

Enfin, ce Ballet donne de foy-même l'idée du Prologue : Les Elemens font nez du Cahos ; l'on a faifi le moment de leur naiffance : Et à l'exemple de Virgile, * on a crû pouvoir annoncer dès le commencement du monde, les deftinées d'un Prince qui en doit faire le bonheur.

*Eclog. 4. Æneïde. 6.

NOMS DES CHORISTES
de ce Ballet.

Melles. Conſtance. Laroche.
Catin. Tetelet.
Souris-L. Perignon.
Souris-C. Charlard.
Antier-C. Ducoudray.
Demons. Lemaure.

Les Srs. Flamand. Jaciers.
Bremond. Corbie.
Herbet. Lemir.
Moran. Renard.
Deshayes. Dautrep.
Corail. Gourgeon.
Buzeau. Duchefne.
Dupleſſis. Lapierre.

PROLOGUE.

PERSONNAGES
DU PROLOGUE.

LE DESTIN,   Le S^r. Thevenard.

VENUS,   Melle. Lizarde.

CHOEUR DES DIEUX DES ELEMENS.

DIVERTISSEMENT.
LE ROY.

Troupe de Heros de la suite de Sa Majesté.

MR. le Duc de la Tremoille.

M^r. le Chevalier de Maulevrier.

M^r. le Prince de Tonnay-Charente.

M^r. le Comte de la Suse.

M^r. le Marquis de Gondrin.

M^r. le Comte de Saint Florentin.

M^r. le Comte de Ligny.

M^r. le Marquis de Rupermonde.

M^r. le Marquis de Brancas.

M^r. le Marquis de Livry.

M^r. le Marquis de la Chaise.

M^r. le Comte de Salles.

PROLOGUE.

PROLOGUE.

Le Théâtre reprefente le Cahos. C'eft un amas de
Nuages, de Rochers, d'Eaux immobiles & fufpen-
duës, de Feux qui s'échapent par des volcans.
Le Deftin eft placé au milieu du Théâtre.

SCENE PREMIERE.
LE DESTIN.

ES temps font arrivez. Ceffez trifte Cahos.
Paroiffez, Elemens; Dieux, allez leur prefcrire
Le mouvement & le repos:

Tenez-les renfermez chacun dans fon empire.

Coulez Ondes, coulez, volez rapides Feux,
Voile azuré des Airs, embraffez la nature,
Terre enfante des fruits, couvre-toy de verdure:
Naiffez Mortels, pour obéir aux Dieux.

A

          LES ELEMENS,

Le Feu monte à fa Sphere, les Nuages s'étendent, les
    Arbres couverts de fleurs & de fruits, fortent de
    terre, & les deux aîles du Theâtre découvrent les
    Dieux des Elemens; Sçavoir,

      Ceux *de l'Air*, Junon, Eole, le Soleil, l'Aurore:
      Ceux *de l'Eau*, Neptune, Thetis & les Syrenes:
      Ceux *du Feu*, Vefta, Vulcain, les Forgerons:
      Ceux *de la Terre*, Cybele, Cérés, Bacchus, Pomone
Flore:

      Les Chœurs d'un côté font des Mariniers,
& de l'autre côté des Moiffonneurs.

CHOEUR DES DIEUX.

Paix adorable,

RegneZ fur nous,

Sans vous rien n'eft durable,

L'ordre de l'Univers ne dépend que de vous.

LE DESTIN.

Quelle Divinité defcend fur ce nuage!

SCENE DEUXIÉME.

LE DESTIN, VENUS.

VENUS.

TAndis qu'entre les Dieux le monde se partage,
Qu'aux divers Elemens ils doivent presider,
L'Amour est oublié ! c'est l'Amour qu'on outrage ;
Sans luy, tant d'interests peuvent-ils s'accorder ?

Rappellons aujourd'huy la Discorde bannie,
    Hâtons-nous , rompons ses fers ,
Dans le premier Cahos replongeons l'Univers ;
    Des Elemens détruisons l'harmonie.

LE DESTIN.

Rassure-toy ,Venus , à ces Dieux j'ay soûmis
    La Terre , le Feu , l'Air & l'Onde ;
Mais que sert de marquer un Empire à ton Fils,
Ce seroit le borner , n'a-t-il pas tout le monde ?

VENUS.

Combien verray-je , helas ! durer tous ces honeurs,
    S'il est vray qu'un Mortel doit naître ;
    Qui , des autres , paisible Maître ,
Doit un jour à mon Fils disputer tous les cœurs?

LE DESTIN.

Après cent Rois celebres dans l'Histoire,
Il viendra des Mortels accomplir les desirs;
Mais il doit des Heros rapeller la memoire ;
Et laissant à ton Fils l'Empire des plaisirs,
Il ne voudra que celuy de la gloire.

VENUS.

Mes soupçons jaloux sont finis.
Vous à qui l'Avenir se montre sans nuage,
Destin, faites-moy voir l'Image
De ce Mortel si semblable à mon fils.

LE DESTIN.

Voy quels Sujets pour luy je feray naître ;
Et sans te le nommer, tu connoîtras leur Maître.

Le fonds du Theâtre s'ouvre,

LE ROY

paroît avec sa Cour.

VENUS & les CHOEURS.

Trompettes, éclatez, frapez, percez les Airs,
Eclatez, annoncez un Maître à l'Univers.

Tous les cœurs volent sur ses traces,
C'est de luy que dépend nôtre felicité,
Sur son auguste front brille la Majesté;
Dans ses yeux regnent les graces.

Trompettes, éclatez, frapez, percez les Airs,
Eclatez, annoncez un Maître à l'Univers.

LE ROY danse.

LE DESTIN & VENUS, alternativement.

VENUS.

Que l'Air forme pour luy de douces influances.

LE DESTIN.

Que la Terre pour luy produise des lauriers.

ENSEMBLE.

Que le Feu promt pour ses vangeances,
De cent foudres mortels, arme ses fiers Guerriers.
Que ses Vaisseaux maîtres des Ondes,
Luy portent les tresors & les vœux des deux mondes.

Les danses continuent.

VENUS.

Songez à faire usage
De vos loisirs ,
La raison du bel âge
C'est le goût des plaisirs :

Qu'Amour regne en vos fêtes ,
Venez, suivez ses pas ;
Si ce Dieu n'en est pas ,
Vos jeux ont peu d'apas ;
Il vous offre en ces lieux
Vos premieres Conquestes ;
Il n'attend que vos vœux ,
Hâtez-vous d'être heureux.

LE ROY, danse.

VENUS.

O Destin , hâtez-vous d'amener ses beaux jours!

Qu'aucun nuage
N'en trouble le cours ,
Le bonheur des Humains doit être son ouvrage ,
Il fera triompher le Paix & les Amours.

O Destin , hâtez-vous d'amener ses beaux jours !
Les danses continuent.

LE DESTIN, VE'NUS,
& les CHOEURS.

Qu'il regne, qu'il triomphe, & que les Elemens
Soient tributaires de sa gloire :
Que tout le cours de ses ans
Ne soit qu'une longue victoire!

FIN DU PROLOGUE.

PERSONNAGES
DE LA PREMIERE ENTRÉE.

IXION,   Le S^r. Thevenard.

JUNON,   Melle. Antier.

MERCURE,   Le S^r. Muraire.

JUPITER,   Le S^r. Dubourg.

CHOEURS d'AQUILONS, de ZEPHIRS.
LES HEURES du JOUR & de la NUIT.

DIVERTISSEMENT.

Les Heures du Jour.		*Les Heures de la Nuit.*	
M^{elles}. Menés.	Dupré.	Delisle.	Lantier.
Laferriere.	Emilie.	Isec.	Roland.
Lemaire.	Leroy.	Mangot.	Duval.

Suite du Divertissement.

Aquilons.			*Zephirs.*
Les S^{rs}. Blondy.			Dumoulin.
Dumirail.	Mion.	Laval.	Pecourt.
Dumoulin.	Pieret.	Malterre.	Duval.

PREMIERE

PREMIERE ENTREE.

L'A I R.

Le Theâtre represente le Palais de Junon.

SCENE PREMIERE.

IXION.

DE la Reine des Airs tout m'annonce la gloire,
Et tout ce que je vois irrite mes desirs ;
Desirs ambitieux, helas ! dois-je vous croire ?
Faut-il vous étouffer & perdre mes plaisirs ?
Malheureux Ixion, quel espoir de victoire
Autorise icy tes soupirs ?

SCENE DEUXIÉME.

MERCURE, IXION.

MERCURE.

DEpuis que je vous vois à la table des Dieux,
Vous n'avez point encore employé ma puissance,
Verriez-vous nos Beautez avec indifference ?
Ne m'en imposez pas ; Mercure a de bons yeux.

IXION.

Tout occupé du rang où mon bonheur me place,
Nul autre soin ne m'embarasse.

MERCURE.

Pour occuper les cœurs, la grandeur n'a qu'un jour,
Bien-tost son éclat importune,
Et la plus brillante fortune,
Pour nous désennuyer, nous rend au tendre Amour.

Aimez, n'est-il donc rien qui puisse icy vous plaire ?

IXION.

He bien, conseillez-moy ; quel choix devrois-je faire ?

MERCURE.

De l'ennuy d'un vieil Epoux,

Confolez la jeune Aurore,

A Zephire difputez Flore ;

Quel triomphe fera plus doux?

L'une & l'autre vous implore

Contre l'Amant volage & le Mary jaloux.

IXION.

Non, non à ces Beautez, je ne rends point les armes.

L'Aurore avec Cephale oublira fes malheurs ;

Il fçait l'art de tarir fes pleurs,

Et Flore connoît peu les charmes

Des fidelles ardeurs.

Non, non, &c.

MERCURE.

Pour vôtre cœur genereux & fidelle,

La fierté de Junon feroit belle à domter.

IXION.

De Junon!

MERCURE.

Je fçay trop vôtre refpect pour elle.

Par des foins empreffez on le voit éclater.

IXION.

Pour la Reine des Cieux peut-on blâmer mon zele?

MERCURE.

De vos vrais sentimens je ne sçaurois douter;

Descendons sur la terre où Jupiter m'appelle,
Occupons comme luy quelque aimable mortelle.

IXION.

Vôtre exemple me plaît, & je veux l'imiter.

ENSEMBLE.

Consultons le plaisir, écoûtons moins la gloire,
Des aveugles mortels évitons les erreurs,
Ils cherchent en aimant l'éclat de la victoire,
 Contentons-nous d'en goûter les douceurs.

MERCURE.

Vous ne me suivez pas.

IXION.

    Preparez la Conqueste,
J'attends vôtre retour.

MERCURE.

Je sçay ce qui t'arreste.

IXION, à part.

Auroit-il reconnu l'Objet de mon amour ?

SCENE TROISIÉME.

Le Palais de Junon s'ouvre, Elle est sur son Trône.
Le Temps à ses pieds, les Heures à côté d'elle
avec les Aquilons & les Zephirs. Iris est derriere
le Trône sur son Arc.

CHOEURS.

TRiomphez, triomphez Souveraine des Airs,
   Tout est prest d'obeïr à vos ordres divers.

LES ZEPHIRS.

Recevez des Zephirs les paisibles hommages.

LES AQUILONS.

Ouvrez aux Aquilons & la terre & les mers.

LES ZEPHIRS.

Par de beaux jours enchantons l'Univers.

LES AQUILONS.

Faisons voler par tout l'horreur & les orages.

LES ZEPHIRS.

L'Aurore de ses feux va dorer les nuages.

LES AQUILONS.

Faisons regner la Nuit & les Hyvers.

IUNON.

Pour la Terre aujourd'huy Iupiter m'abandonne ;

Cependant aux Mortels faisons des jours sereins :

   Pourquoy punir la Terre des chagrins
   Que Iupiter me donne ?

JUNON.

Diligente Aurore,
Répandez encore
Des feux plus brillans,
Commandez au Temps
D'épargner de Flore
Les trefors naiſſans.

Danſe des Heures, des Aquilons & des Zephirs.

JUNON.

Vole Amour, emporte tes armes,
Lance tes traits loin de ces lieux,
C'eſt aux Mortels d'éprouver tes allarmes,
Reſpecte le repos dont joüiſſent les Dieux.

A ceder à tes coups les Dieux mettroient leur gloire;
Mais tu vends trop cher ta victoire.

Vole Amour, &c.

JUNON.

Allez Zephirs, calmez le Ciel, la Terre & l'Onde,
Allez, & de Junon répandez les bienfaits:
Qu'Iris annonce au monde
Les beaux jours & la paix.

SCENE QUATRIÉME.

JUNON, IXION.

JUNON.

ME trompay-je, Ixion ? vôtre faveur nouvelle
M'assure-t-elle en vous un ministre fidelle
    A qui je puisse ouvrir mon cœur?

IXION.

    Quelle gloire plus belle,
    Quel bien pour moy plus precieux?
C'est lire dans mon cœur que d'approuver mon zele,
Ah ! de ce seul moment je me crois dans les Cieux.

JUNON.

Vous sçavez qu'en dépit de mon amour extréme,
Jupiter me trahit, m'offense chaque jour.

IXION.

Jupiter est perfide , & toûjours Junon l'aime :
Quoy ce Dieu si chery peut quitter ce sejour !
Je l'ay cru moins heureux de sa grandeur suprême,
    Que de l'excez de vôtre amour.

JUNON.

Allez cher Ixion , descendez sur la terre,
Mes Aquilons n'obeïront qu'à vous,
Sçachez quelle beauté plaît au Dieu du tonnere,
Et livrez la victime à mes transports jaloux.

IXION.

Avec bien moins de couroux
La vangeance se signale,
Ne punissez que l'Epoux,
Sans songer à la Rivale.

JUNON.

Eh ! qui peut remplacer Jupiter dans mon cœur ?

IXION.

Un Amant moins superbe & plus remply d'ardeur.

JUNON.

Que dites-vous ? d'une ardeur indiscrete ,
Quelque Dieu près de moy vous fait-il l'interprete ?

IXION.

Un Dieu! qui donc d'entre eux emprunteroit ma voix,
Pour le bonheur d'un Dieu voudrois-je vous déplaire;
Non , je vous armerois contre le temeraire.

JUNON.

J'estime ce couroux autant que je le dois.

IXION.

IXION.

Ah ! n'en pouvez-vous pas penetrer le miſtere?

Des feux les plus ardens je me ſens devorer;
    Jugez quelle eſt leur violence,
Si malgré le danger de rompre le ſilence,
Un Mortel à Junon oſe les declarer;
    Jugez quelle eſt leur violence.

JUNON.

Quels diſcours, quelle horreur, quels tranſports furieux!
    Pour jamais évite mes yeux.

IXION.

Non, j'aime mieux les voir tout armez de colere.

    Non, precipitez-moy des Cieux;
Si je ne vous vois pas, rien ne ſçauroit m'y plaire;
Je vous ſuivray par tout à toute heure en tous lieux.
    Non, precipitez-moy des Cieux,
Pardonnez ou vangez un amour temeraire.

JUNON.

Quoy! plus coupable encor tu braves ma fureur.

IXION.

Vos bontez m'ont trahy, quand je voulois me taire,
Vous avez arraché le secret de mon cœur.

Percez ce triste cœur, prenez vôtre victime,
Frapez... je ne me puis repentir de mon crime....
A mes pleurs, à mes cris, à mes vives douleurs,
N'offrez-vous d'autre prix que toutes vos rigueurs!

Un nuage dérobe Junon aux yeux d'Ixion.

Mais quel obstacle nous separe:
Déeffe, où fuyez-vous!... que dis-je? je m'égare,
Le nuage s'entr'ouvre... O spectacle fatal!

SCENE CINQUIÉME.

JUPITER, IXION.

JUPITER.

SErs d'exemple aux ingrats, tombe au fonds du
Tartare.

IXION.

Dieu cruel, Dieu barbare,

Je meurs du moins ton Rival.

FIN DE LA PREMIERE ENTRE'E.

PERSONNAGES
DE LA DEUXIÉME ENTRÉE.

LEUCOSIE,	Melle. Hermance.
DORIS.	Melle. Souris.
TRITON,	Le Sr. Dun fils.
ARION,	Le Sr. Boutelou.
NEPTUNE,	Le Sr. Dubourg.

CHOEURS de TRITONS & de SYRENNES.

DIVERTISSEMENT.

Tritons.	Nereïde.
Mr. le Marquis de Villeroy.	Melle. Menés.
Mr. de Coigny.	Mr. de Renel.
Mr. de Besons.	Mr. de Croiffy.

Nereïdes.

Melle. Prevôt.

Melles. Leroy.	Lemaire.
Mangot.	Duval.

DEUXIÉME ENTRÉE.

L'EAU.

Le Theâtre represente le Palais de Neptune.

SCENE PREMIERE.

LEUCOSIE, DORIS.

DORIS.

Nfin, belle Syrene, avez-vous fait un choix ?
Et Neptune & Thetis, dont nous suivons
    les loix,
Attendent que l'hymen vous fixe en cet empire :
Eole à ce bonheur depuis long-temps aspire.

LEUCOSIE.

Eole soûleve les flots,
Les vents sont animez par son couroux terrible,
De l'Onde il trouble le repos,
Je veux un Epoux plus plaisible.

DORIS.

Preferez-vous Protée, à qui le Dieu des Eaux
Donne le soin de ses troupeaux?

Il sçait prendre à son gré cent formes differentes;
Les Dieux & les Mortels, il les imite tous,
Et de la nouveauté les graces si piquantes
Vont dans un même Objet se retrouver pour vous.

LEUCOSIE.

Il aura beau changer, c'est toûjours un Epoux.

DORIS.

Craignez-vous l'Amour & sa flâme,
Ces plaisirs que vos chants ont vantez tant de fois?
Il anime vôtre voix;
Ne peut-il regner dans vôtre ame?

LEUCOSIE.

Je ne fuis point l'amour autant que tu le crois.

La Mer étoit tranquille au lever de l'Aurore,
Les feuls Zephirs regnoient dans l'humide féjour,
La fenfible Alcione & l'Epoux qu'elle adore,
　　　Refpiroient le calme & l'amour.
Des accents enchanteurs font retentir la rive,
Je porte fur les flots une vûë attentive,
　　　Je vois un Apollon nouveau,
Il en avoit la voix, la lyre, tous les charmes ;
　　　Cet Objet fi rare & fi beau,
Contre tout autre objet donne à mon cœur des armes.

Mais, Triton paroît à nos yeux:
Sçachons quel foin l'amene dans ces lieux.

SCENE DEUXIÉME.

TRITON, LEUCOSIE, DORIS.

TRITON.

JE précede en tous lieux le Souverain des Eaux,
De ce Dieu triomphant j'annonce le passage,
La Mer tremble à mes sons éclatans & nouveaux,
Je veux que les Rochers, les Ondes, les Echos
Portent par tout le nom de l'Objet qui m'engage.

LEUCOSIE.

D'où naissent vos transports, est-ce un secret pour nous?

TRITON.

Aprenez le bonheur que Neptune m'apreste,
Il m'accorde l'Objet de mes vœux les plus doux?

LEUCOSIE.

Triton, m'invitez-vous de chanter à la feste?

TRITON.

Non, ce n'est pas assez ny pour moy ny pour vous.

D'une conqueste si belle,

Tous les Dieux seront jaloux.

Ses mépris & son couroux
Ont été le seul prix de leur flâme pour elle.

D'une conqueste, &c.

LEUCOSIE.

LEUCOSIE.

Quelle est cette Beauté pour vous seul si fidelle?

TRITON.

Elle fait le plaisir & l'ornement des Mers.

Si Thetis sous ses loix n'eût rangé nôtre Maître,

De la Beauté que j'aime il porteroit les fers;

Les yeux sont éblouïs quand on la voit paraistre,

Les cœurs sont attendris par ses divins concerts;

Adorable Syrene, a tant d'attraits divers,

     Pourriez-vous bien vous méconaître?

Hâtons-nous de former des nœuds tant souhaitez.

LEUCOSIE.

Je n'ay pas de Neptune apris les volontez.

TRITON.

     Je me fais un plaisir extrême,

     De vous en instruire moy-même;

Répondez aux transports de mon cœur amoureux.

ENSEMBLE.

LEUC. { *Sans balancer, peut-on prendre une* { *chaîne,*
TRIT. {   *j'ay porté vôtre* {

LEUC. } *Dont rien ne peut* { *briser les nœuds.*
TRIT. { *Et rien n'en peut* {

                       D

TRITON.

Je n'ay point differé de vous marquer mes feux,

LEUCOSIE.

Mon cœur à s'expliquer trouve un peu plus de peine.

ENSEMBLE.

LEUC. { *Sans balancer, peut-on prendre une* { *chaîne,* }
TRIT. {   *j'ay porté vôtre* {
LEUC. } *Dont rien ne peut* { *briser les nœuds.* }
TRIT. { *Et rien n'en peut* {

SCENE TROISIÉME.

On voit au fonds du Theâtre un Vaisseau qui s'abisme.

CHOEUR de MATELOTS, TRITON,

LEUCOSIE, DORIS.

CHOEUR.

Nous perissons ! Ciel ! O Ciel équitable,
C'est la mort d'Arion, que vange ta fureur.

LEUCOSIE.

Ils vont perir : Je plains leur destin déplorable ;
Triton, interessez Neptune en leur faveur.

SCENE QUATRIÉME.

LEUCOSIE, DORIS, & ARION

qui paroît sur un Dauphin.

ARION.

VAstes Mers, dont les flots ont servy ma vangeance,
    Suspendez vôtre violence.
Doux charme de mon art, Accords harmonieux,
Devenez plus touchants pour rendre grace aux Dieux,
    Que pour implorer leur puissance.

LEUCOSIE.

Ah! Doris, que mon cœur sent de troubles secrets,
    Apollon a-t-il plus d'attraits?

ARION.

J'ignore quel air je respire:
    Où suis-je? daignez m'en instruire.

LEUCOSIE.

Du Dieu des mers c'est icy le séjour.

ARION.

Vous étes donc Thetis! Ah Déesse en ce jour,
Aprouvez les transports de ma reconnoissance.

LEUCOSIE.

Non, non Thetis, me tient sous son obeïssance;
Mais vous, quel sort nouveau vous amene à sa Cour?

ARION.

Dans les arts d'Apollon, élevé dès l'enfance,
Comblé des bienfaits d'un grand Roy,

Je portois mes tresors aux lieux de ma naissance ;
De perfides Mortels s'armerent contre moy ;
Dans les flots écumans où me jetta leur rage,
Un prodige nouveau parût pour mon secours ;
Ainsi le Dieu des mers recompense l'hommage,
Que ma voix & mon cœur luy rendoient tous les jours.

LEUCOSIE.

Quoy ! c'est vous, dont la voix en prodiges feconde,
Animoit la terre & les airs ;
Quoy ! c'est vous qui chantiez ce jour si cher au monde,
Où la Mere d'amour sortit du sein des Mers ?

ARION.

Venus a dans ces lieux de quoy payer mon zele,
D'un seul de vos regards je serois plus flaté,
Que du prix qu'avoit reçû d'elle,
Le celebre Berger, juge de la beauté.

LEUCOSIE.

Vous ignorez encor ce qu'une Cour si belle
A de Divinitez dignes de vous charmer:
Un cœur si promt à s'enflâmer
Pourroit devenir infidelle.

ARION.

Insensible jusqu'à ce jour,
J'ignorois les transports dont j'ose vous instruire ;
C'est un miracle de l'Amour ,
Et trop cher à ce Dieu pour vouloir le détruire.

LEUCOSIE.

Je dépens de Neptune… Il vient avec sa Cour.

SCENE SIXIÉME.

NEPTUNE, ARION, LEUCOSIE, TRITON, Dieux & Déeſſes de la Mer, qui entrent en danſant.

NEPTUNE.

C'Eſt peu de vous ſauver d'une mort effroyable,
  Arion, rempliſſez un deſtin glorieux,
Neptune eſt vôtre Pere... aſſis parmy nos Dieux,
  Vous trouverez ce ſéjour plus aimable,
    Que la Terre & les Cieux.

ARION.

Ah! quel heureux moment! Mon cœur ne vous implore,
Que pour couler mes jours en des lieux ſi charmans ;
Que l'auteur de ma vie & l'Objet que j'adore,
    Partagent mes ſoins & mes chants.

NEPTUNE, à LEUCOSIE.

Aprouvez-vous ſes feux ?

LEUCOSIE.

          Il vous doit la naiſſance,
Ma gloire & mon penchant s'uniſſent dans ce jour.

NEPTUNE.

Triton, sans murmurer, souffre la preference,
Et ne sois point époux sans l'aveu de l'Amour.

à ARION, & à LEUCOSIE.

Suivez les doux transports que ce Dieu vous inspire,
Qu'il regne, qu'il triomphe, aimez toûjours ses loix:
Que l'accord de vos cœurs, que l'accord de vos voix
Fassent l'honeur de cet empire.

ARION & LEUCOSIE.

Soupirons à jamais dans une paix profonde,
Les fleuves cesseront de couler dans les Mers,
Le Soleil cessera de se coucher dans l'Onde,
Quand nos cœurs briseront leurs fers.

NEPTUNE.

Chantez Tritons, chantez aimables Nereïdes,
Remplissez de vos chants tout l'espace des Mers,
Les Fleuves réjoüis, dans leurs courses rapides
Porteront vos Concerts
Au bout de l'Univers.

CHOEURS.

Qu'à nos sons éclatans les Ondes aplaudissent,
Fuyez fiers Aquilons, volez tendres Zephirs,
Que ces beaux lieux, & ces Amans joüissent
Du plus profond repos & des plus doux plaisirs.

On danse.

LEUCOSIE.

Tendre Amour,

De ce séjour,

Chassez les Cruelles,

Et d'Amants fidelles

Formez vôtre Cour :

Dieu des cœurs,

Sur vos faveurs

Fondez vôtre Empire ;

Jamais de martire,

Toûjours des douceurs.

Quel plaisir de s'enflâmer !

De nôtre esclavage

Faut-il s'allarmer ?

Non, non, dans le bel âge,

Rien ne dédommage

Du bonheur d'aimer.

On danse.
UNE

LEUCOSIE & les CHOEURS,
alternativement.

Jeunes Beauteᴢ, veneᴢ, c'est trop attendre,
Hâtez-vous de porter les chaînes des Amours.

Les fleuves après un long cours,
A Neptune viennent se rendre :
Les cœurs après mille détours,
Vont payer à l'Amour le tribut qu'il veut prendre.

Jeunes Beautez, veneᴢ, c'est trop attendre,
Hâtez-vous de porter les chaînes des Amours.

FIN DE LA SECONDE ENTRE'E.

PERSONNAGES

DE LA TROISIÉME ENTRÉE.

EMILIE,   Mᵉˡˡᵉ. Antier.

VALERE,   Le Sʳ. Thevenard.

L'AMOUR,   Mᵉˡˡᵉ. Lemaure.

CHOEUR de PRETRESSES de VESTA.

CHOEUR de CHEVALIERS ROMAINS.

DIVERTISSEMENT.

PRETRESSES DE VESTA.

Mᵉˡˡᵉ. Guyot.

Melles·		
Emilie.		Laferriere.
Ifec.		Dupré.
Delifle.		Lantier.

Suite du Divertissement.

SEIGNEURS ROMAINS.

Mʳ. de Tonnerre.	Mʳ. de Villars.
Mʳ. de Coffé.	Mʳ. le Marquis d'Alincourt.
Mʳ. le Duc de Boufflers.	Mʳ. le Duc de Montmorency.

ESCLAVES.

Les Sʳˢ. Blondy.	Marcel.	Dupré.

TROISIÉME ENTRÉE.

LE FEU.

Le Theâtre represente le Vestibule du Temple de Vesta,
& au fonds, le Sanctuaire où est le Feu sacré.

SCENE PREMIERE.

EMILIE, PRETRESSES, dansantes & chantantes.

LE CHOEUR.

L'âme que révere

Cet Empire heureux,

De nos fiers Ayeux

Tresor tutelaire,

Rayon precieux

Du flambeau des Cieux,

Nuit & jour éclaire

Et défend ces lieux.

E ij

EMILIE.

Brillez dans ces beaux lieux, brillez, Flâme éternelle,
Gage de nôtre gloire, Objet de nôtre zele.

Dès mes plus tendres ans asservie à vos loix,
    Sous son Empire un autre Dieu m'appelle,
L'Hymen forme pour moy la chaîne la plus belle,
Et je sers vos Autels pour la derniere fois.

Brillez dans ces beaux lieux, brillez, Flâme éternelle,
Gage de nôtre gloire, Objet de nôtre zele.

LE CHOEUR.

On vous doit la gloire,
Les jours des Cesars;
Par vous, la victoire
Suit nos étendars.

Unique esperance,
Source de bienfaits,
Versez l'abondance,
Donnez-nous la paix.

On danse.

EMILIE.

O Vesta, terrible Déesse,
Tu veux qu'un trépas honteux,
Soit la peine de la Pretresse
Qui laisse éteindre tes feux.

AUX PRETRESSES.

Que vos soins assidus préviennent sa vangeance,
Que vos fidelles cœurs attirent ses bienfaits:
Un nœud misterieux enchaîne pour jamais
   Ses honeurs & nôtre puissance.
         On danse.
Allez. Tant que la nuit obscurcira les airs,
Sur le dépost sacré j'auray les yeux ouverts.

SCENE DEUXIÉME.

EMILIE.

*T*Endre Amour, calme un cœur dont tu deviens
  maître,
   Prête à toucher à mon bonheur,
   Je crains de le voir disparaître,
Ces autels, cette nuit redoublent ma frayeur;
Et d'un songe effacé me rappellent l'horreur.

SCENE TROISIÉME.

EMILIE, VALERE.

EMILIE.

AH ! Valere, quel temps vous presente à mes yeux !
Un Mortel ose-t-il penetrer dans ces lieux ?

VALERE.

Ma flâme impatiente
A vaincu tout obstacle ! Est-ce un crime pour moy,
Est-ce offenser le Ciel garant de vôtre foy ?

L'Amour va combler mon attente,
Bien-tost l'Aurore naissante
Me voit l'heureux Rival des Dieux.

Ah ! que je lise encor mon bonheur dans vos yeux,
Ne me refusez pas un regard qui m'enchante.

EMILIE.

Puisse le Ciel souffrir de si beaux nœuds !
Mais, devez-vous icy me parler de vos feux ?

VALERE.
Quel azile si sévere
Est interdit à l'Amour?
Dans quel temple ce Dieu ne se fait-il pas jour ?
Il est le souverain des Dieux qu'on y revere.

Vos beaux yeux sont beignez de pleurs.
Eh, qui les fait couler?
EMILIE.
Helas ! j'ay tout à craindre:
Le Ciel à nôtre hymen présage mille horreurs.
VALERE.
Ah ! vous ne m'aimez plus.
EMILIE.
Je serois moins à plaindre ;
Aprenez donc tous nos malheurs.

Les voiles de la nuit commençoient à s'étendre,
Un songe trop flateur vous offroit à mes yeux ;
Je vous parlois, jamais mon cœur ne fût plus tendre,
Quand de tristes clameurs ont monté jusqu'aux Cieux.
J'ay vû Vesta: Sa voix a glacé mon courage,
Le Temple en a tremblé… du milieu d'un nuage,
Des feux étincelans ont éclaté sur nous,
Au moment que la mort me separoit de vous.

V A L E R E.

Reprenez l'esperance,

Nos feux seront victorieux,

Et j'en ay pour garands les Dieux,

Vos attraits & ma constance.

E M I L I E.

Jusques au jour naissant abandonnez ces lieux,

Je vais de mes devoirs remplir la loy suprême,

Je dois veiller icy.

V A L E R E.

L'Amour veille pour nous.

E M I L I E.

Ce sont mes derniers soins; les Dieux en sont jaloux;

Je retourne à l'Autel.

V A L E R E.

Vous fuyez qui vous aime ?

E M I L I E.

A mon bonheur je m'arrache moy-même,

Je porte à la Déesse un cœur trop plein de vous.

V A L E R E.

L'absence d'un moment m'est un supplice extrême.

SCENE

SCENE QUATRIÉME.

Le Theâtre s'obſcurcit par l'extinction du feu ſacré,
& la clarté cede à la nuit.

VALERE, CHOEURS.

CHOEURS.

*Quel bruit affreux ? quel préſage effroyable;
O ſort cruel. O Pretreſſe coupable !*

VALERE.

De quels lugubres cris retentiſſent ces lieux ?

F

SCENE CINQUIÉME.

EMILIE, VALERE.

EMILIE.

QU'ay-je fait! quelle horreur! Tonnez, frapez,
      grands Dieux:
Sur moy seule épuisez vôtre haine implacable.

VALERE.

Qu'avez-vous, Emilie! Et quel trouble confus!

EMILIE.

Je tremble. Je fremis. Le Feu sacré n'est plus.

J'entends déja la foudre menaçante,
Les Prestres, le Senat, les Peuples en fureur,
L'on creuse mon tombeau, l'on m'y traîne vivante,
Et d'une lente mort j'y vais subir l'horreur.

VALERE.

Ah! perisse plûtost ce Peuple & sa puissance,
      Perißent mille fois
Les aveugles auteurs de ces barbares loix,
Qui des fautes du fort accablent l'innocence,
Je vous verois mourir! Impitoyables Dieux;
Ah! si des feux si purs arment vôtre vangeance,
Qui donc est innocent ou coupable à vos yeux!

E M I L I E.

Ne faites point aux Dieux un reproche inutile.

V A L E R E.

Fuyons de ces funestes lieux,

Suivez, qui vous adore...

E M I L I E.

Où sera nôtre azile ?

Non, non, laissez-moy seule attendre le trépas,

Icy vôtre presence offense trop ma gloire,

Et vos efforts ne me sauveroient pas :

Adieu, conservez ma memoire ;

Je pardonne au Ciel en couroux,

S'il ajoûte à vos jours ceux que je perds pour vous.

E N S E M B L E.
Ciel implacable que j'implore,

Frape, lance tes traits, termine mes malheurs ;

Non, non, fai sur moy { seul / seule } éclater tes rigueurs,

Epargne l'Objet que j'adore.

Mais, quel éclat se répand dans ces lieux !

C'est l'Amour qui descend des Cieux.

F ij

SCENE SIXIÉME.

L'Amour, un flambeau à la main, descend sur un nuage.

L'AMOUR, EMILIE, VALERE.

L'AMOUR.

Mon flambeau sur l'Autel fait revivre la flâme,
Les maux que fait l'amour, il sçait les reparer,
Vivez belle Emilie, & rassurez vôtre ame ;
C'est vôtre hymen que je viens éclairer.

EMILIE & VALERE.

Tu fléchis les destins contraires,
Amour, ah ! qu'à ce prix nos peines nous sont cheres !

L'AMOUR.

Venez Peuples, venez celebrez ce beau jour,
L'Hymen d'une Vestale a fondé vôtre Empire,
Un autre y fait briller le flambeau de l'Amour,
Chantez, ouvrez vos cœurs aux transports que
j'inspire.

Les Seigneurs Romains entrent pour mener la Vestale
hors du Temple.

VALERE, au Peuple.

Vous qui voyez l'Objet dont je suis enchanté,
Applaudissez à ma felicité.

à E M I L I E.

Le Feu qu'en ce temple on adore,
Languit, s'éteint, s'il manque de secours:
Le Feu qui pour vous me dévore,
A pris dans vos beaux yeux dequoy durer toûjours.

Que de vos chants retentissent les airs,
Je triomphe du sort qui nous faisoit la guerre,
L'Amour commande au Ciel, à la Terre, aux Enfers,
Et dans la main des Dieux il éteint le tonnerre.

C H OE U R.

Que de nos chants retentissent les airs,
Triomphez du Destin qui vous faisoit la guerre;
L'Amour commande au Ciel, à la Terre, aux Enfers,
Et dans la main des Dieux il éteint le tonnerre.

FIN DE LA TROISIE'ME ENTRE'E.

PERSONNAGES
DE LA QUATRIÉME ENTRÉE.

POMONE,   Melle. Antier.

VERTUMNE,   Le Sr. Boutelou.

PLUTUS,   Le Sr. Muraire.

PAN,   Le Sr. Dun fils.

CHOEUR DE CHASSEURS.

DEUX BERGERES, M^{elles.} Conftance, & Catin.

CHOEURS de BERGERS & de BERGERES.

DIVERTISSEMENT.

CHASSEURS.

Le S^r. Balon.

Mr de Langeron.	M^r. de Mirepoix.
M^r. de Coigny.	M^r. de Renel.

Suite du Divertiffement.

Bergers.	Bergeres.
M^{rs}. de Befons de Croiffy.	M^{elles}. Emilie. Laferriere.
Balon. d'Hoftager.	Delifle. Ifec.
de Chambonna. de Francine.	Mangot. Duval.
Le S^r. Marcel.	Melle. Menés.

Melle. Petit.

Deux Payfans Comiques.

Les S^{rs}. Dumoulin.

QUATRIÉME ENTRÉE.

LA TERRE.

Le Theâtre represente les Jardins fruitiers
de Pomone.

SCENE PREMIERE.

VERTUMNE,

un masque de femme, à la main.

Mour, rends à mes feux Pomone moins rebelle,

Mes rivaux dans ses fers ont envain soupiré,

Sans être plus heureux, Vertumne est plus fidelle,

Elle fuit tous les yeux dans ce lieu retiré,

Sous ce déguisement, que pour m'aprocher d'elle,

Toy-même tu m'as inspiré,

Amour, rends à mes feux Pomone moins rebelle.

SCENE DEUXIÉME.

VERTUMNE, PLUTUS.

PLUTUS.

DE l'aimable Pomone heureuse confidente,
Nerine, je te vois ; que mon ame est contente!

VERTUMNE.

Vous Plutus en ces lieux,
Dont Pomone interdit l'accès à tous les Dieux!

PLUTUS.

Il n'est point pour Plutus d'azile impenetrable,
Je compte qu'à mes vœux tu la rends favorable:

Je suis le Dieu des tresors,

Des fruits elle est la Déesse ;

Et l'Hymen entre nous par de sages accords,
Va de la terre entiere assembler la richesse,

Tu peux mettre dans un beau jour,
Tous les charmes de ma puissance.

VERTUMNE.

Des raisons de convenance,
Ne sont pas des raisons d'amour.

Le Dieu du vin si propre à reduire une belle,
Auprès d'elle a perdu ses soins & ses soupirs,
S'il trouve Pomone rebelle,
Qu'esperez-vous de vos desirs?

PLUTUS.

Bacchus doit-il porter une si belle chaîne,
Luy, qui cherche toûjours de faciles plaisirs?

VERTUMNE.

Zephire a tout tenté pour vaincre l'Inhumaine.

PLUTUS.

Les ardeurs de ce Dieu ne durent qu'un printemps,
Je suis l'Amant de tous les temps.

Rien n'égale ma constance,
Des soupirs, des langueurs j'ignore les discours;
Je possede une autre éloquence,
J'aime, & je donne toûjours.

VERTUMNE.

Pomone veut peut-être entendre
Un aveu plus soumis, un langage plus tendre?

LES ELEMENS,

PLUTUS.

Pourquoy prendre un vain détour,
L'Amour me doit tous ſes charmes,
De l'or il forge ſes armes,
L'âge d'or eſt de retour.

Mille beautez me font la cour.

ENSEMBLE.

Quel plaiſir de porter aux pieds d'une cruelle,
Les vœux de cent beautez qui briguent nôtre cœur;
Quel triomphe pour le vainqueur,
Quelle gloire pour elle !

VERTUMNE.

C'eſt Pomone que j'aperçoy ;
Eloignez-vous.

PLUTUS.

Nerine, au moins parle pour moy.

SCENE TROISIÉME.

POMONE, VERTUMNE.

POMONE.

Jardins délicieux, agreables retraites,
    Que je vous dois de tranquilles momens !
Beaux Lieux, dont la nature a fait les ornemens,
Heureux qui sent le prix de vos douceurs secretes,

VERTUMNE.

    Ces champs si fertiles si beaux,
Cette Terre docile à vos heureux travaux,
    Ces fruits dont elle se couronne,
    Tout presente aux yeux de Pomone,
    Des triomphes toûjours nouveaux.

POMONE.

J'aime ce séjour solitaire ;
Des Amans importuns je fuis l'empressement.

VERTUMNE.

    Si quelque Amant pouvoit vous plaire,
    Il vous rendroit ce séjour plus charmant,
L'Amour sçait embellir tous les lieux qu'il éclaire,
La solitude plaît avec un tendre Amant.

                                G ij

Nos Dieux, de vos rigueurs ne cessent de se plaindre,

Quoy ! serez-vous toûjours en guerre avec l'Amour?

POMONE.

Je luy pardonneray peut-être dès ce jour.

VERTUMNE.

à part.

Ciel ! quel nouveau Rival auray-je encore à craindre?

On entend des Cors de Chasse.

POMONE.

Quel bruit trouble icy nôtre paix ?

Dieux, gardez nos vergers, défendez mon ouvrage,

Contre l'affreuse rage

Des monstres des forests.

SCENE QUATRIÉME.

PAN, VERTUMNE, POMONE.

Troupe de CHASSEURS.

PAN.

LE monstre est tombé sous mes traits,
Et sa dépoüille est un hommage,
Que mon amour presente à vos attraits.

POMONE.

C'est avec bien du bruit m'expliquer vôtre flâme.

PAN.

L'éclat en ma faveur doit prévenir vôtre ame.

A mille autres appas mon cœur a resisté,
Qu'un mutuel amour aujourd'huy nous engage,
Ma force & mon courage,
De vos tresors feront la seureté.

POMONE.

L'apareil de vôtre victoire,
Epouvante mon cœur autant que le danger.

PAN.

Faunes, Silvains, chantez sa gloire,
Sous ses loix je veux vous ranger,
Elle enchaîne mon cœur & m'ôte la memoire
Des plus charmants objets qui vouloient m'engager.

LE CHOEUR.

Chantons sa gloire,

Sous ses loix il faut nous ranger.

On danse.

POMONE.

Je reçois vôtre hommage avec reconnoissance ;

Mais laissez-moy dissiper ma frayeur :

Allez, & marquez-moy par vôtre obeïssance,

Ce que je puis sur vôtre cœur.

SCENE CINQUIÉME.

VERTUMNE, POMONE.

VERTUMNE.

Aux soupirs du Dieu Pan vous êtes peu

sensible.

POMONE.

Soyons seules s'il est possible,

Ou sortons de ces lieux... Mais quels aimables sons!

VERTUMNE.

Des Bergers d'alentour enrichis de vos dons,

Je vois la troupe qui s'avance.

Mais s'ils parlent d'amour, ce discours vous offense.

POMONE.

L'amour n'offense point dans de simples chansons.

SCENE SIXIÉME.

VERTUMNE, POMONE, BERGERS, BERGERES, JARDINIERS, JARDINIERES.

DEUX BERGERES, alternativement
avec le Chœur.

Avec les chaînes des Amours,
Arrêtez le temps qui s'envole.

CHOEUR.

Avec les chaînes des Amours,
Arrêtez le temps qui s'envole.

LES BERGERES.

Que l'usage de vos beaux jours,
Vous console
De leur rapide cours.

CHOEUR.

Avec les chaînes des Amours,
Arrêtez le temps qui s'envole.

LES BERGERES, à POMONE.

Que de trésors pour les humains,
Déesse , vous faites éclore !
Le Soleil chaque jour vous voit & vous adore :
Nous admirons le pouvoir de vos mains,
Celuy de vos beaux yeux est plus aimable encore.

On danse.

LES BERGERES,
alternativement avec le Chœur.

Heures favorables
Aux vœux d'un amant ,
Coulez lentement ;
Soyez durables :

Heures de peine & de tourment ,
Passez promtement.

SCENE

SCENE SEPTIÉME.

POMONE, VERTUMNE.

VERTUMNE.

Ou voulez-vous aller ?

POMONE.

Je ne sçay ; suy mes pas,
Non, demeure plûtost.

VERTUMNE.

Je ne vous quitte pas.

POMONE.

Je te cheris, Nerine, & sçais ton zele extrême.

VERTUMNE.

Non, vous ne sçavez pas à quel point je vous aime.

POMONE.

Penses-tu que l'Amour puisse encor nous former
Ces douceurs,ces plaisirs dont nos chants l'aplaudissent?

VERTUMNE.

Croyez que le bonheur dont les Amans joüissent,
Se sent mille fois mieux qu'on ne peut l'exprimer.

H

POMONE.

De Plutus ou de Pan, tu me parles peut-être.

Ah ! qu'un Amant aimable est pour nous dangereux!

Je voudrois que mon cœur pût demeurer son maître:

Donne-moy tes conseils , je n'écoûte que toy.

VERTUMNE.

Tout ce que vous voyez vous parle mieux que moy.

Voyez dans nos Vergers la source qui serpente ,

Elle embrasse cent fois les jeunes arbrisseaux.

Unie avec l'ormeau , cette vigne abondante

    S'eleve & croît sur ses rameaux ,

Cette autre sans appuy demeure languissante.

Ces Palmiers amoureux s'unissent en berceaux.

C'est le plaisir d'aimer que le Rossignol chante.

Ces ondes & ces bois, ces fruits & ces oiseaux ,

Tout vous est de l'amour une leçon vivante.

POMONE.

Helas !

VERTUMNE.

Vous soupirez.

POMONE.

Quel mouvement confus !

Voy si dans ces jardins on ne peut nous entendre.

VERTUMNE.

Vous êtes seule icy , parlez.

POMONE.

Il faut se rendre.

Tes conseils sont suivis ou plûtost prévenus :

Du Dieu que je bravois je n'ay pû me défendre.

VERTUMNE.

à part.

Vous aimez !.. quel Objet?..que va-t-elle m'aprendre?

POMONE.

Tu me justifieras au nom de mon vainqueur,

L'Amant que j'aime ignore sa victoire :

Nerine, jure-moy de ménager ma gloire.

VERTUMNE.

Ah ! ce n'est pas de moy qu'il sçaura son bonheur.

POMONE.

Mais, faudra-t-il toûjours qu'il l'ignore luy-même.

VERTUMNE.

Eh c'est....

POMONE.

Vertumne.

VERTUMNE.

O Ciel!

POMONE.

C'est Vertumne que j'aime?

VERTUMNE.

en se démasquant.

Vertumne à vos genoux meurt de joye & d'amour.

POMONE.

Que vois-je ; O Dieux ! par quel détour
Avez-vous forcé mon silence !
Je devrois vous punir d'une pareille offense.

VERTUMNE.

N'ay-je pas trop souffert à cacher mes transports?

POMONE.

Contre un Amant qui plaît on fait de vains efforts.

ENSEMBLE.

Vole Amour, joüy de ta gloire,
Triomphe, c'est en toy que nos plaisirs sont dûs ;
Repare les momens que { *mon* / *son* } *cœur a perdus*
A te disputer la victoire.

POMONE.

Mais, la Terre au Soleil va rendre son hommage ;
Qu'entre l'Amour & luy ce beau jour se partage.

FIN DE LA QUATRIE'ME ENTRE'E.

EPILOGUE.

LE ROY

REPRESENTANT LE SOLEIL.

Les signes du Zodiaque.

MR. le Duc de la Tremoille.

M^r. le Chevalier de Maulevrier.

M^r. le Prince de Tonnay-Charente.

M^r. le Comte de la Suze.

M^r. le Marquis de Gondrin.

M^r. le Comte de Saint Florentin.

M^r. le Comte de Ligny.

M^r. le Marquis de Rupermonde.

M^r. le Marquis de Brancas.

M^r. le Marquis de Livry.

M^r. le Marquis de la Chaise.

M^r. le Comte de Salles.

Les quatre parties du Monde.

L'Asie.	M^r. le Marquis de Villeroy.	M^elles. Lantier.
L'Europe.	M^r. le Marquis d'Alincourt.	Dupré.
L'Afrique.	M^r. le Duc de Montmorency.	Labatte.
L'Amerique.	M^r. le Grand Prieur.	Prevôt.

EPILOGUE.

Le S O L E I L paroît fur fon Char, environné
des Signes du Zodiaque, & fuivy des quatre
parties du Monde.

P O M O N E, & les Acteurs qui ont parû dans le Ballet

P O M O N E.

Oleil, commence ta carriere,
Tes regards font des bienfaits ;
Pourfuy ton cours fans t'égarer jamais ;
Tout languit loin de ta lumiere,
Tout brille par tes attraits.

LES C H OE U R S repetent les Vers cy-deffus.

P O M O N E.

Vivante Image des Dieux,
De quels biens ta gloire eft fuivie !
A tes regards precieux
Tout doit la vie,
Et l'arbre voifin des Cieux,
Et l'humble fleur de la prairie.

Une NYMPHE de la suite de POMONE.
Melle. de S. Eftienne.

Triomphez à jamais, brillez de mille charmes,
Ornement precieux
De la Terre & des Cieux :

Quand vous paliffez à nos yeux,
Que vous faites couler de larmes !

Triomphez à jamais, brillez de mille charmes,
Ornement precieux
De la Terre & des Cieux :

LES CHOEURS.

Soleil, commence ta carriere,
Tes regards font des bienfaits ;
Pourfuy ton cours fans t'égarer jamais ;
Tout languit loin de ta lumiere,
Tout brille par tes attraits.

FIN DU BALLET.